AMIGOS Y FAMILIA™

INSIGNIAS  DE MÉRITO

PARA AQUELLOS QUE MÁS IMPORTAN

AMIGOS

MAESTROS

TÍAS

SOBRINAS

TÍOS

SOBRINOS

VECINOS

NIÑERAS

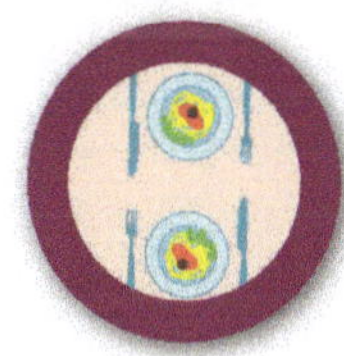

ESTUDIANTES

CLUBES JUVENILES

PRIMOS

DISCONECT FROM THE DIGITAL© Y CONÉCTATE CON AQUELLOS QUE MÁS IMPORTAN.

Halo Publishing International
7550 WIH-10 #800, PMB 2069,
San Antonio, TX 78229

Segunda edición, Agosto 2023
ISBN: 978-1-63765-470-5
LCCN: 2023914023

Halo Publishing International es una empresa de autopublicación que publica ficción y no ficción para adultos, literatura infantil, autoayuda, espiritual y libros religiosos. ¿Tiene una idea para un libro que quisiera que consideremos para publicación? Por favor visite www.holapublishing.com para más información.

AMIGOS Y FAMILIA™

INSIGNIAS DE MÉRITO

En todo el mundo hoy en día —a lo largo de Estados Unidos, Asia, Europa y todos los rincones del mundo— las personas están buscando una forma de Desconectarse de lo digital y pasar más tiempo con aquellos que más importan. Amigos y miembros de la familia de todo tipo— ya sean tías, tíos, sobrinas, sobrinos, primos, hermanos, hermanas, amigos, vecinos, niñeras, incluso maestros y estudiantes, están encontrando nuevas formas de pasar más timepo en persona haciendo todo tipo de cosas divertidas.

DISCONNECT FROM THE DIGITAL™ (Desconectarse de lo digital) significa tomar consciencia de cuánto tiempo se gasta en usar la tecnología para navegar por internet, desplazarse por las aplicaciones de redes sociales o jugar juegos digitales en línea (¡todas las cosas que nos sacan del aquí y ahora con nuestros seres queridos!), y luego volver a enfocarnos a propósito en actividades que nos permitan reconectarnos con las peronas en nuestras vidas que más nos importan.

Los amigos y familia que tienen la suerte de vivir cerca el uno del otro saben la alegría que puede traer pasar un poco de timpo personal juntos. Poder hacer cosas juntos es especialmente valioso para amigos y familia que viven en diferentes ciudades, estados o incluso países. Videollamadas y aplicacionese de conexión visual como Facetime™, Zoom™, Skype™, etc. son grandes herramientas tecnológicas que se pueden utilizar para reconectarnos con las personas importanes en nuestras vidas que no están físicamente cerca de nosotros. Usen este tipo de herramientas para acercarse y pasar tiempo "cara a cara" juntos cuando no puedan estar físicamente en el mismo lugar.

Las actividades en el libro Friends and Family Merit Badges™ (Insignias de mérito para amigos y familia) se pueden modificar para que todo tipo de participantes puedan divertirse pasando tiempo y ganando insignias de mérito juntos. ¡Ya sea en persona o de forma remota! Por ejemplo, pueden experimentar un zoológico o acuario visitando su sitio web juntos mientras lo visitan por teléfono. O bien, tomen fotos en cada una de sus respectivas ubicaciones y luego programen una videollamada para compartir sus experiencias entre sí. Comparen las similitudes y diferencias entre las dos localidades que visitaron. ¡Sé creativo y diviértete ideando nuevas formas de conectarte tu familia y amigos!

Adicionalmetne, cuando se trata de desconectarse de lo digital y reconectar con seres queridos, todos cuentan... jóvenes, de mediana edad o viejos, aquellos con necesidades especiales o que necesitan asistencia física adicional para moverse. La mayoría de las bibliotecas, zoológicos, acuarios, parques y museos alrededor del país han logrado grandes avances en la acomodación de personas con necesidades espaciales después de la adopción de la Ley de Estadounidenses con Discapacidades ("ADA"). Échales un vistazo, te puedes llevar una grata sorpresa con lo que encuentres. Y muchas de las actividades en este libro no requieren ningún evento o lugar especial. ¡Solo el deseo de pasar tiempo juntos en cualquier lugar!

Dar un paseo, leer un libro, andar en bicicleta, cocinar una comida... Los placeres más simpels de la vida son cada día más importantes para nuestro bienestar. Este tipo de acrividades simples son una oportunidad para que amigos y miembros de la familia hablen, descubran, jueguen y crezcan juntos.

Desconectarse de lo digital y reconectarse con aquellos que más importan comenzó con los kits de Grandparent Merit Badges™. Fueron tan populares que otras personas además de los abuelos preguntaban, "¡¿qué hay de nosotros?!". Buscaban su propia versión para que la usaran amigos y otros miembros de la familia. Las Friends and Family Merit Badges™ son simplemente una celebración y reconocimiento a las miles de cosas que millones de personas hacen juntas todos los días.

¡DISCONNECT FROM THE DIGITAL™ y reconectate con aquellos que más importan! ¡Comienza a disfrutar las Friends and Family Merit Badges™ hoy!

ESTO PERTENECE A:

¡Encuentra la insignia del acuario y colócala aquí!

¿Dónde? ________________________

Fecha de finalización: ________

¿Qué has visto?

____

____

____

____

 ¡Coloca o dibuja una imagen que muestre tu día de diversión aquí!

¿Dónde? ______________________

Fecha de finalización: ________

Describe las galletas:

____

____

____

____

¡Encuentra la insignia de las galletas y colócala aquí!

¡Encuentra la insignia deportiva y colócala aquí!

¿Dónde? _______________________

Fecha de finalización: _______

¿Qué deporte practicaste?

____

____

____

____

¡Coloca o dibuja una imagen que muestre tu día de diversión aquí!

¿Dónde? _____________________

Fecha de finalización: _________

¿Qué es la imagen del

rompecabezas?

____

____

____

¡Encuentra la insignia del rompecabezas y colócala aquí!

¡Coloca o dibuja una imagen que muestre tu día de diversión aquí!

¡Encuentra la insignia de
la bicicleta y colócala aquí!

¿Dónde? ________________

Fecha de finalización: ______

Describe tu bicicleta:

____

____

____

____

¡Coloca o dibuja una imagen que muestre tu día de diversión aquí!

¿Dónde? _______________________

Fecha de finalización: _________

Describe tu fotografía favorita

que hayas tomado:

____

____

____

¡Encuentra la insignia de
la cámara y colócala aquí!

¡Encuentra la insignia de pesca y colócala aquí!

¿Dónde? ___________________

Fecha de finalización: _________

Describe el pez que has capturado:

____

____

____

____

¡Coloca o dibuja una imagen que muestre tu día de diversión aquí!

VOLAR UNA COMETA

¿Dónde? ___________________

Fecha de finalización: _______

Describe tu cometa:

____

____

____

____

¡Encuentra la insignia de la cometa y colócala aquí!

¿Dónde? _____________________

Fecha de finalización: _______

¿Cuánto tiempo tardó la carta

en llegar?

____

____

____

¡Encuentra la insignia de la carta y colócala aquí!

¡Coloca o dibuja una imagen que muestre tu día de diversión aquí!

¿Dónde? __________________

Fecha de finalización: _______

¿Qué has plantado?

____

____

____

____

¡Encuentra la insignia de jardín y colócala aquí!

¡Encuentra la insignia del árbol familiar y colócala aquí!

¿Dónde? _______________________

Fecha de finalización: _______

¿Qué has aprendido?

____

____

____

____

¡Coloca o dibuja una imagen que muestre tu día de diversión aquí!

¿Dónde? _______________________

Fecha de finalización: _________

¿Qué has comido?

____

____

____

____

¡Encuentra la insignia de la comida y colócala aquí!

¡Coloca o dibuja una imagen que muestre tu día de diversión aquí!

¡Encuentra la insignia de natación y colócala aquí!

¿Dónde? _______________________

Fecha de finalización: _________

Describe el tiempo que hace hoy:

____

____

____

____

 ¡Coloca o dibuja una imagen que muestre tu día de diversión aquí!

IR AL CINE O VER UNA PELÍCULA

¿Dónde? _______________________

Fecha de finalización: _________

¿Qué película has visto?

____

____

____

____

¡Encuentra la insignia de la película y colócala aquí!

¡Encuentra la insignia del zoo y colócala aquí!

¿Dónde? _______________________

Fecha de finalización: _______

¿Cuál es tu animal favorito?

____

____

____

____

¡Coloca o dibuja una imagen que muestre tu día de diversión aquí!

Titulo del Libro: _______________

Fecha de finalización: _________

¿De qué trata el libro?

____

____

____

____

¡Encuentra la insignia
del libro y colócala aquí!

¡Coloca o dibuja una imagen que muestre tu día de diversión aquí!

¡Encuentra la insignia de video chat y colócala aquí!

¿Dónde? _______________________

Fecha de finalización: _________

¿Dónde estaba cada uno de

ustedes?

____

____

____

¡Coloca o dibuja una imagen que muestre tu día de diversión aquí!

DAR UN PASEO

¿Dónde? _______________________

Fecha de finalización: _________

¿Cómo fue el paseo?

____

____

____

____

¡Dibuja tu propia
actividad aquí!

¿Dónde? _______________________

Fecha de finalización: _______

¿Qué has visto?

____

____

____

____

 ¡Coloca o dibuja una imagen que muestre tu día de diversión aquí!

____

¿Dónde? _____________________

Fecha de finalización: _________

Describe tu actividad:

____

____

____

____

¡Dibuja tu propia
actividad aquí!

¡Coloca o dibuja una imagen que muestre tu día de diversión aquí!

CERTIFICADO DE MÉRITO

ESTO CERTIFICA QUE _________________________________ ("AMIGO/MIEMBRO DE LA FAMILIA") Y _________________________________ ("AMIGO/MIEMBRO DE LA FAMILIA") COMPLETARON _____ DE LAS INSIGNIAS DE MÉRITO PARA AMIGOS Y FAMILIA™.

ESTE CERTIFICADO DE MÉRITO CELEBRA LA RELACIÓN ENTRE ELLOS.

CERTIFICADO ESTE __________ DÍA DE _________________, 20___.

____
NOMBRE/RELACIÓN/AMIGO

____
NOMBRE/RELACIÓN/AMIGO

Con la ayuda de un adulto, recorta con unas tijeras alrededor de la línea punteada de la insignia correcta, y luego, con pegamento o cinta, pega la insignia en la página del diario correspondiente cuando termines la actividad.

Con la ayuda de un adulto, recorta con unas tijeras alrededor de la línea punteada de la insignia correcta, y luego, con pegamento o cinta, pega la insignia en la página del diario correspondiente cuando termines la actividad.

Con la ayuda de un adulto, recorta con unas tijeras alrededor de la línea punteada de la insignia correcta, y luego, con pegamento o cinta, pega la insignia en la página del diario correspondiente cuando termines la actividad.